No capricho

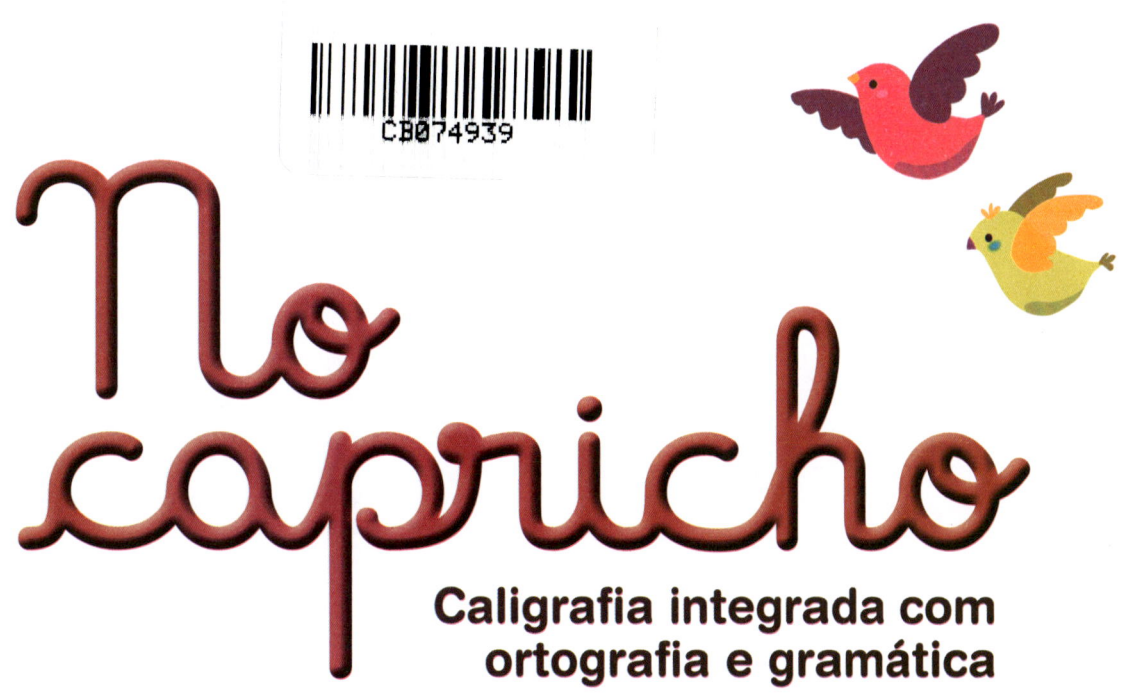

Caligrafia integrada com ortografia e gramática

D

Isabella Pessoa de Melo Carpaneda
Licenciatura plena em Pedagogia pela Universidade de Brasília e CEUB,
com especialização em Administração e Supervisão Escolar e Orientação Educacional.
Especialização em Língua Portuguesa pelo Instituto AVM – Faculdade Integrada.
Coordena, prepara material pedagógico e ministra cursos de treinamento para
professores de Educação Infantil e Ensino Fundamental em vários estados desde 1990.
Atua como assessora pedagógica de Educação Infantil e Ensino Fundamental
em Brasília-DF desde 1984.

Angiolina Domanico Bragança
Licenciatura plena em Pedagogia pela Associação de Ensino Unificado
do Distrito Federal, com especialização em Administração Escolar.
Coordena, prepara material pedagógico e ministra cursos de treinamento para professores
de Educação Infantil e Ensino Fundamental em vários estados desde 1990.
Atua como assessora pedagógica de Educação Infantil e Ensino Fundamental
em Brasília-DF desde 1970.

2ª edição - São Paulo

Quinteto

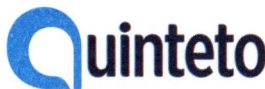

Copyright © Isabella Carpaneda e Angiolina Bragança, 2016

Diretor editorial	Lauri Cericato
Gerentes editoriais	Rosa Maria Mangueira e Silvana Rossi Júlio
Editora	Luciana Pereira Azevedo Remião
Editora assistente	Liege Maria de Souza Marucci
Gerente de produção editorial	Mariana Milani
Gerente de arte	Ricardo Borges
Coordenadora de arte	Daniela Máximo
Projeto gráfico	Bruno Attili
Capa	Juliana Sugawara
Supervisor de arte	Carlos Augusto Asanuma
Editora de arte	Wilde Velasques Kern
Diagramação	Essencial design
Tratamento de imagens	Ana Isabela Pithan Maraschin
Coordenadora de ilustrações	Márcia Berne
Assistentes de arte	Stephanie Santos Martini e Maria Paula Santo Siqueira
Ilustrações	Ilustra Cartoon e Waldomiro Neto
Coordenadora de preparação e revisão	Lilian Semenichin
Supervisora de preparação e revisão	Viviam Moreira
Preparação	Iracema Fantaguci
Revisão	Aurea Santos
Coordenador de iconografia e licenciamento de textos	Expedito Arantes
Supervisora de licenciamento de textos	Elaine Bueno
Iconografia	Gabriela Araújo e Elizete Moura
Diretor de operações e produção gráfica	Reginaldo Soares Damasceno

Dados Internacionais de Catalogação na Publicação (CIP)
(Câmara Brasileira do Livro, SP, Brasil)

Carpaneda, Isabella Pessoa de Melo
  No capricho : caligrafia integrada com ortografia e gramática, volume D / Isabella Pessoa de Melo Carpaneda, Angiolina Domanico Bragança. — 2. ed. — São Paulo : Quinteto Editorial, 2016.

  ISBN 978-85-8392-051-9 (aluno)
  ISBN 978-85-8392-052-6 (professor)

  1. Caligrafia (Ensino fundamental) 2. Ortografia (Ensino fundamental) I. Bragança, Angiolina Domanico. II. Título.

16-01659   CDD-372.634

Índices para catálogo sistemático:
  1. Caligrafia: Ensino fundamental   372.634
  2. Ortografia: Ensino fundamental   372.634

1 2 3 4 5 6 7 8 9

Envidamos nossos melhores esforços para localizar e indicar adequadamente os créditos dos textos e imagens presentes nesta obra didática.
No entanto, colocamo-nos à disposição para avaliação de eventuais irregularidades ou omissões de crédito e consequente correção nas próximas edições.
As imagens e os textos constantes nesta obra que, eventualmente, reproduzam algum tipo de material de publicidade ou propaganda, ou a ele façam alusão, são aplicados para fins didáticos e não representam recomendação ou incentivo ao consumo.

Reprodução proibida: Art. 184 do Código Penal e Lei 9.610 de 19 de fevereiro de 1998.
Todos os direitos reservados à

QUINTETO EDITORIAL LTDA.
Rua Rui Barbosa, 156 – Bela Vista – São Paulo-SP
CEP 01326-010 – Tel. (11) 3598-6000
Caixa Postal 65149 – CEP da Caixa Postal 01390-970
www.ftd.com.br
E-mail: central.atendimento@ftd.com.br

Impresso no Parque Gráfico da Editora FTD S.A.
Avenida Antonio Bardella, 300
Guarulhos-SP – CEP 07220-020
Tel. (11) 3545-8600 e Fax (11) 2412-5375

A - 904.081/24

Sumário

Alfabeto 4	**Palavras com SS e Ç** 36
Bambalalar, é hora de praticar! 7	**Acentuação de palavras paroxítonas** 37
Ordem alfabética 8	**Palavras com S depois das consoantes N, L, R** 39
Palavras com S e Z entre vogais 10	**Palavras terminadas em OSO e OSA** 40
Encontro vocálico: ditongo e tritongo 12	**Palavras terminadas em ISAR e IZAR** 41
Palavras com S depois de ditongo ... 15	**Palavras terminadas em L e U** 42
Encontro consonantal 17	**Palavras com X e CH** 44
Palavras com encontro de consoantes sem vogal 19	**Bambalalar, é hora de praticar!** 46
Palavras com CE / CI e SE / SI 20	**Adjetivo** 47
Dígrafos 21	**Locução adjetiva** 48
Bambalalar, é hora de praticar! 22	**Grau do adjetivo** 50
Palavras com GE / GI e JE / JI 23	**Bambalalar, é hora de praticar!** 53
Substantivos primitivos e derivados .. 25	**Pronome pessoal reto** 54
Substantivos simples e compostos 27	**Pronome pessoal oblíquo** 56
Acentuação de palavras proparoxítonas 29	**Bambalalar, é hora de praticar!** 58
Plural de palavras com til 31	**Verbo — infinitivo e conjugações** ... 59
Artigos definidos e indefinidos 33	**Palavras terminadas em AM e ÃO** ... 61
Bambalalar, é hora de praticar! 35	

Alfabeto

Na letra **A** começa o alfabeto e na letra **Z** ele fica completo. Com ele você vai poder todas as palavras escrever.

1. Copie o alfabeto maiúsculo e minúsculo.

Aa   Bb   Cc   Dd   Ee

Ff   Gg   Hh   Ii   Jj

Kk   Ll   Mm   Nn   Oo

Pp   Qq   Rr   Ss   Tt

Uu   Vv   Ww   Xx   Yy   Zz

2. Observe algumas letras minúsculas. Circule as que, para você, são mais difíceis de traçar.

Atenção

Nas letras com pernas, a parte inferior encosta na pauta seguinte.

b	f	g
h	k	p
q	v	x
y	z	d

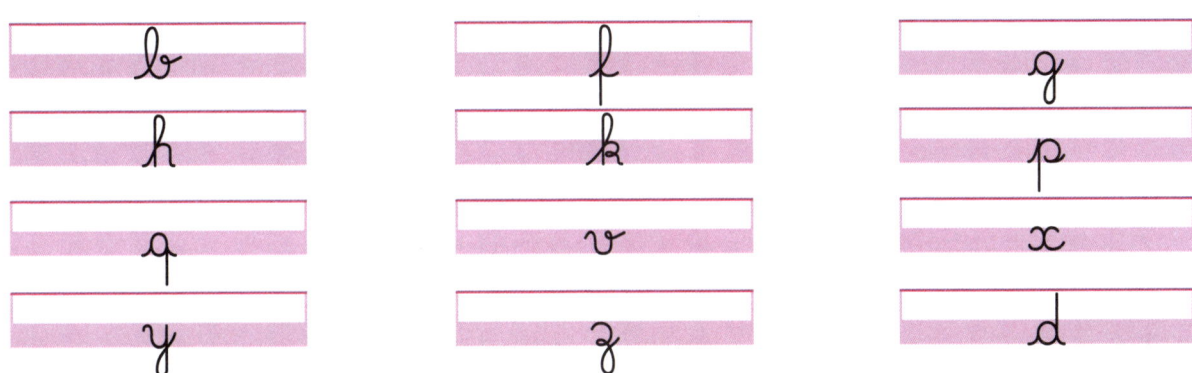

- Agora preste atenção em cada letra. Depois copie.

b	b
f	f
g	g
h	h
k	k
q	q
p	p
v	v
x	x
y	y
z	z

3. Observe algumas letras maiúsculas. Marque com X as que, para você, são mais difíceis de traçar.

☐ B   ☐ D   ☐ G   ☐ F

☐ H   ☐ S   ☐ K   ☐ Q

☐ R   ☐ X   ☐ J   ☐ I

- Agora preste atenção em cada letra. Depois copie.

B ___   D ___   F ___

G ___   X ___   K ___

Q ___   R ___   S ___

H ___   J ___   I ___

Bambalalar, é hora de praticar!

- Leia e copie.

Cumplicidade

A árvore
dá frutinhas
de bom sabor.
Só para receber
passarinhos
de toda cor.

João Proteti. **Árvore**. São Paulo: Cortez, 2014. p. 20.

- Use as formas abaixo para desenhar passarinhos de toda cor.

Ordem alfabética

> Colocar palavras em ordem alfabética,
> você aprende num instante.
> Observa-se a primeira letra,
> depois a segunda, e assim por diante.

1. Imagine que os nomes da lista A são de convidados para uma festa. Depois organize a lista B colocando esses nomes em ordem alfabética.

A	B
Mariana Rios	
Renato	
Benício	
Ana Carolina	
Cristina	
Fernando	
Mariana Alves	
Sabrina	
Fernanda	
Maurício	
Patrícia	

- Agora encontre e circule nas listas os nomes começados com a letra M. Em que lista foi mais fácil localizar os nomes? Por quê?

2. Reescreva os nomes destas ruas em ordem alfabética, como aparece nos guias de rua.

- Rua Tapajós
- Rua Tiradentes
- Rua Teodoro Sampaio
- Rua Bocaiúva
- Rua Bela Cintra
- Rua Monteiro Lobato
- Rua Paineiras
- Rua Monte Carmelo
- Rua Presidente Prudente

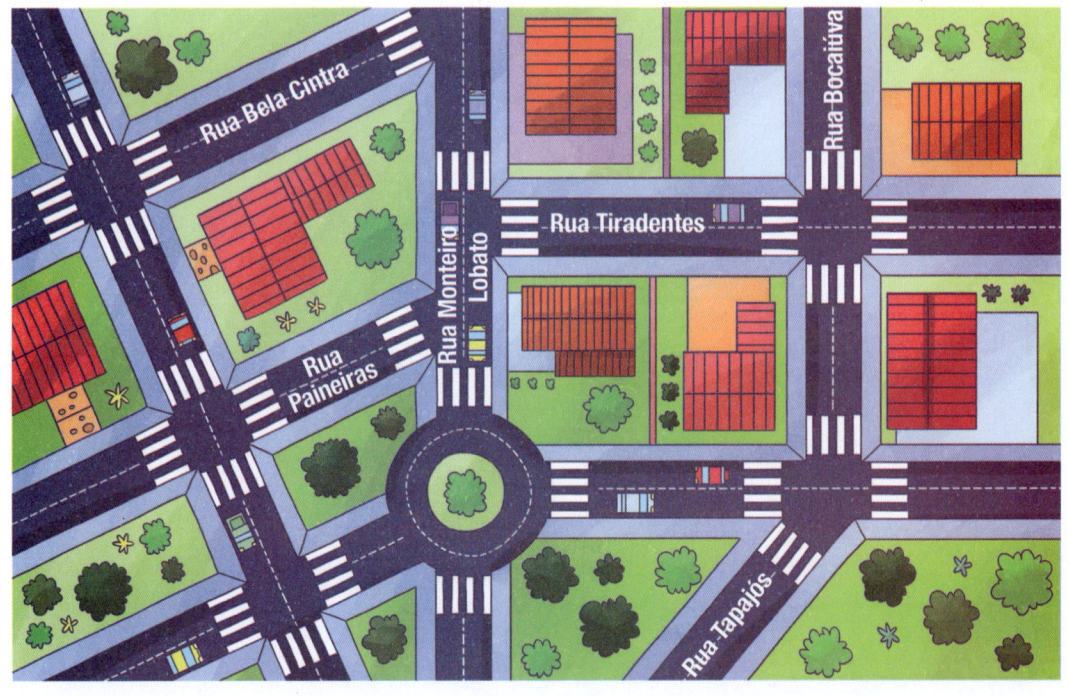

Palavras com S e Z entre vogais

A centopeia não tem moleza, mas está sempre atrasada. Quando a primeira perna chega, a última já está cansada.

1. Pinte de vermelho as letras que representam o som de Z. Depois copie as palavras.

princesa   *dezembro*   *paraíso*

azedo   *usina*   *batizado*

2. Copie as palavras abaixo, separando-as em dois grupos.

moleza   atrasada   amizade   natureza   prazo
repouso   gozado   despesa   raposa   confusão

S entre vogais

Z entre vogais

10

3. Copie as palavras do quadro abaixo, formando sequências de famílias de palavras.

| casamento | azedo | casado | cinzeiro |
| azedume | risada | cinzento | risonho |

Dica!
Observe como as letras S e Z são mantidas nas palavras da mesma família.

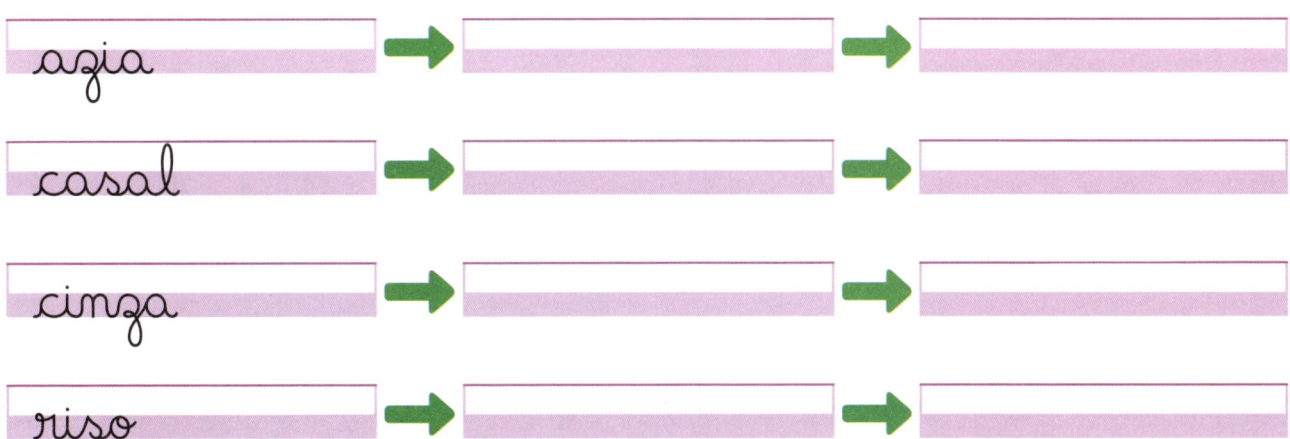

4. Use o que você aprendeu e reescreva as palavras substituindo o ★ por S ou Z.

Encontro vocálico: ditongo e tritongo

> Dizer um bom-dia e uma boa-noite
> é educado no mundo inteiro.
> Não se fala de boca cheia,
> e lugar de pum é no banheiro.

Fique sabendo

Dois ou mais sons vocálicos juntos formam **encontro vocálico**.

Os **encontros vocálicos** podem ser classificados em:

ditongo	tritongo	hiato
fl**au**ta	sag**uão**	c**oe**lho
fl**au**-ta	sa-g**uão**	c**o**-**e**-lho
As duas vogais estão na mesma sílaba.	As três vogais estão na mesma sílaba.	As duas vogais estão em sílabas separadas.

1. Circule o encontro vocálico de cada palavra abaixo. Depois copie as palavras.

água	cadeira	tubarão	degrau
céu	laranjeira	ouro	faixa
cozinheira	zoeira	plateia	poesia

2. Releia o poema que está no início da página. Depois sublinhe as palavras com encontro vocálico.

3. Observe as palavras separadas em sílabas. Depois pinte os quadrinhos de acordo com a legenda. Em seguida, copie as palavras.

🟥 ditongo   🟨 tritongo   🟦 hiato

☐ | a | e | ro | por | to |
aeroporto

☐ | pes | ca | ri | a |
pescaria

☐ | Pa | ra | guai |
Paraguai

☐ | cha | péu |
chapéu

☐ | lei | te |
leite

☐ | i | guais |
iguais

4. Escolha no quadro nomes com hiato para as pessoas das figuras abaixo.

| Laísa   Letícia   Raul   Otávio |
| Reinaldo   Janaína   Lúcia   Luís |

5. Ao falar, muitas vezes eliminamos os ditongos: limoeiro – limoero. Leia as palavras abaixo e copie-as, prestando atenção nos ditongos.

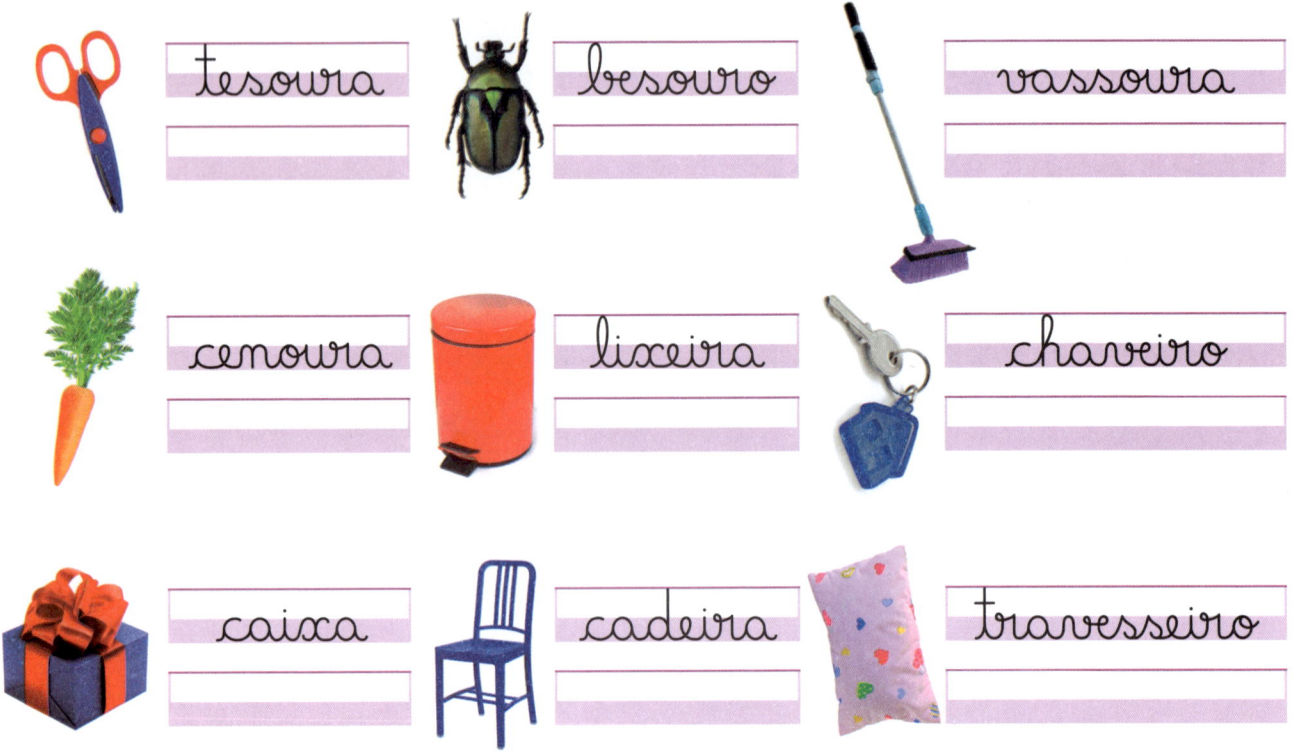

tesoura

besouro

vassoura

cenoura

lixeira

chaveiro

caixa

cadeira

travesseiro

6. Copie as frases substituindo os ★ por uma das palavras abaixo.

queijo ameixa açougue pandeiro

a) Diogo toca ★ o dia inteiro.

b) Comi goiabada com ★ de sobremesa.

c) Iogurte de ★ é uma delícia!

d) Esse ★ tem carne de primeira!

Fotos: Vladvm; Stock Up; lasha; Valentina Razumova; JDPR; Jakub Krechowicz; stacy2010ua; NANTa SamRan; 5/Shutterstock.com

Palavras com S depois de ditongo

> Depois de ditongo, preste muita atenção, só se escreve a letra **S** como em deu**s**a e fai**s**ão.

1. Você já estudou que ditongos são dois sons vocálicos pronunciados na mesma sílaba. Copie as palavras e ligue-as ao ditongo correspondente.

2. Reescreva as palavras substituindo as ★ por ditongos.

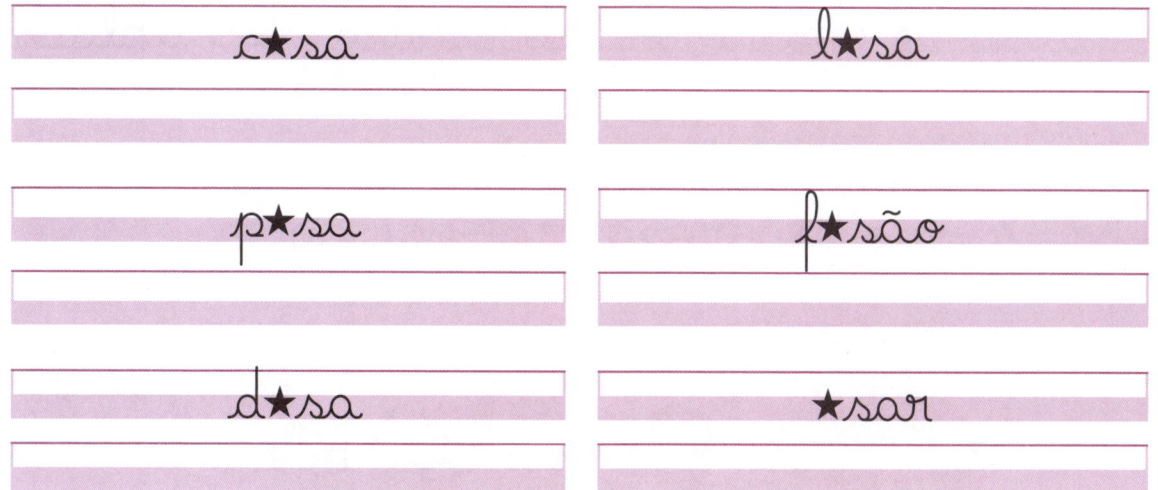

- Nas palavras que você escreveu, que letra vem imediatamente depois do ditongo? Circule-a.

15

3. Reescreva as palavras abaixo, completando-as.

> **Dica!**
> Depois de ditongo, se houver som de **Z**, usa-se a letra **S**.

cau★a	mai★ena	repou★o
pau★a	pou★o	au★ência
deu★a	pai★agismo	ou★adia

4. Copie das frases abaixo as palavras com **S** depois de ditongo.

a) As viajantes repousam na Pousada Íris.

b) A atriz se emocionou por causa dos aplausos.

c) Um faisão aparecia na paisagem.

Encontro consonantal

Todo mundo precisa de amigo
pra rir, brincar, contar segredo...
Com um amigo do lado,
a gente nem sente medo.

Fique sabendo

A reunião de duas ou mais consoantes pronunciadas chama-se **encontro consonantal**. São exemplos:

se**gr**edo   ge**nt**e

1. Leia as palavras abaixo e copie-as nas colunas correspondentes.

| placa   árvore   gravata   chiclete   caderno   festa |

Encontro consonantal na mesma sílaba.	Encontro consonantal em sílabas diferentes.

2. Acrescente L ou R e escreva outras palavras com encontros consonantais. Observe os exemplos.

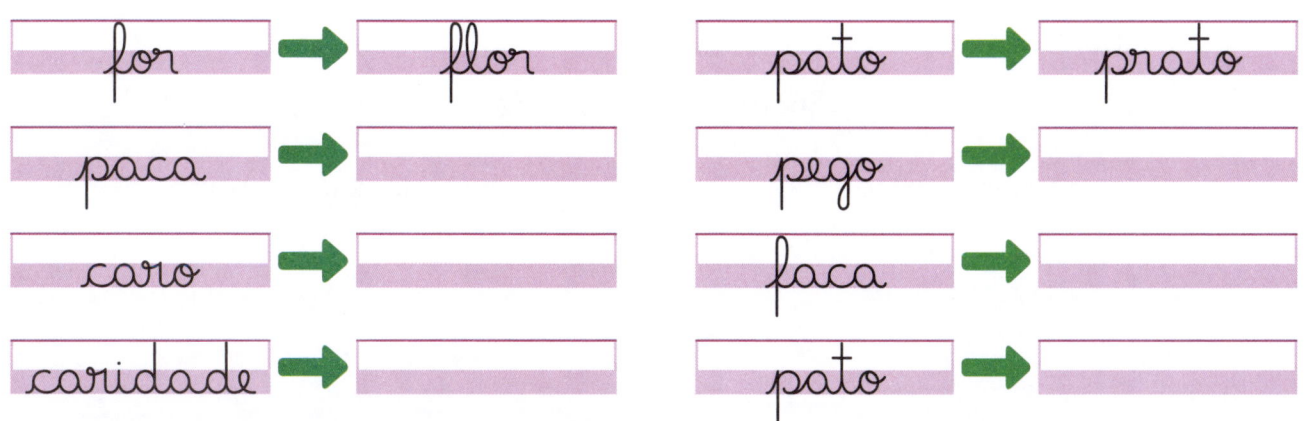

17

3. Leia e copie.

Os ímãs *atraem*, ou puxam,

certas coisas em direção a eles.

Objetos feitos de *alguns* metais,

como o ferro e o aço, são *atraídos* pelos ímãs.

Esses materiais são chamados de *magnéticos*.

Ímãs *gigantescos* são usados para *erguer* e

transportar *grandes* objetos de metal.

- Agora, escolha algumas palavras em destaque no texto acima e copie-as nos lugares indicados.

Encontro consonantal

na mesma sílaba	em sílabas diferentes

Palavras com encontro de consoantes sem vogal

Em rápido rapto,
um rápido gato
raptou três ratos
sem deixar rastros.

1. Pinte em cada palavra o quadrinho da consoante que não é seguida por vogal. Depois copie as palavras.

| p | n | e | u |
pneu

| a | f | t | a |
afta

| r | i | t | m | o |
ritmo

| d | i | g | n | o |
digno

| a | d | m | i | r | a | r |
admirar

| o | b | j | e | t | o |
objeto

| p | a | c | t | o |
pacto

2. Reescreva as frases, substituindo as palavras em destaque por um sinônimo do quadro abaixo.

> advertiu   óbvio   admitiu

a) É **claro** que ele está certo.

b) O guarda **preveniu** o motorista.

c) O jogador **confessou** que fez falta.

Palavras com CE / CI e SE / SI

Logo que amanhece,
Cidão sela sua eguinha.
E ela vai faceira,
ligeira, levantando pó.
Pocotó! Pocotó! Pocotó!

1. Copie as palavras nas colunas adequadas.

> celular   sinal   silêncio   cenário
> semente   cilada   cirurgia   seleção

CE CI	SE SI

2. Leia as palavras do quadro e forme pares com palavras da mesma família.

> sinal   semana   situação   semanal
> situado   sinalização   céu   celestial

Dígrafos

Chegou o verão!
O sol brilha radiante, passarinhos se abrigam do calor escaldante.

Fique sabendo

Dígrafos são duas letras que representam um único som.
São exemplos:

chuveiro   ca**rr**oça   na**sc**imento

1. Todas as palavras do quadro têm dígrafos. Copie cada uma no grupo correspondente.

> exceção   chuva   ninho   osso   folha
> cresça   nasce   quilo   birra   guizo
> bosque   quiabo   jegue   foguete

| ch | lh | nh | rr |

| ss | sc | sç | xc |

| gu | | | |

| qu | | | |

Bambalalar, é hora de praticar!

- Leia e sublinhe as palavras com dígrafos. Depois copie os trechos do poema.

Beijo de bicho

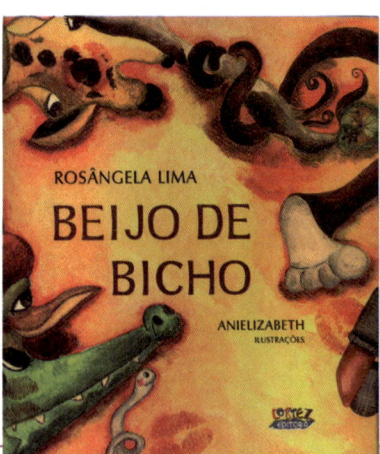

[...] O porco-espinho
tem de beijar com jeitinho!

[...] A girafa eu não duvido,
o seu beijo é bem comprido...

[...] E, por fim, este macaquinho
que quer lhe dar muitos,
muitos, muitos beijinhos.

[...]

Rosângela Lima. **Beijo de bicho**. São Paulo: Cortez, 2011. p. 12, 26 e 36.

Palavras com GE / GI e JE / JI

> Aproveita, minha senhora,
> tem jiló, jenipapo, berinjela.
> Aproveita e não demora.
> Até o gengibre tá acabando,
> e o caminhão já vai embora.

1. Copie as palavras do quadro abaixo em que a letra G tem o mesmo som da letra J.

fingido	goleiro	agenda	gafanhoto	agachar	
ginástica	gesto	sargento	gota	goela	gentil
guloso	digestão	página	regime	sugestão	

2. Copie os nomes das figuras.

jiló

jiboia

girassol

3. Copie as palavras substituindo as ★ por G ou J.

> **Dica!**
> Observe se a palavra da mesma família é escrita com G ou J.

mágico	agendar	jeito	gema
ma★ia	a★enda	a★eitar	★emada

sugerir	gigante	gorjeta	jejuar
su★estão	★igantesco	gor★etinha	★ejum

gelo	injeção	gesso	ginga
★elado	in★etar	en★essado	★ingado

4. Descubra a palavra e escreva.

> **Dica!**
> • Faltam 4 letras para completar cada palavra.
> • Uma das 4 letras é G.
> • Todas as palavras terminam com M.

ferr★	folh★	vert★

gar★	or★	cor★

Substantivos primitivos e derivados

Há palavras parecidas, como banana e bananada. A primeira é primitiva e a segunda é derivada.

1. Copie as palavras do quadro nas colunas correspondentes, formando pares.

   banana   flor   saleiro   leitoso   leite   bananada
   sal   floreira   chapeleiro   livreiro   livro   chapéu

Substantivo primitivo	Substantivo derivado

2. Leia os grupos e copie as palavras primitivas.

   perfume   perfumado   perfumaria

   bicudo   biquinho   bico

   portaria   porta   porteiro

3. Copie as palavras das frases abaixo de acordo com a legenda.

☐ substantivo primitivo   ☐ substantivo derivado

Na livraria não tinha o livro que eu queria.

Aquela padaria faz um pão tão gostoso!

No maleiro do carro só cabe uma mala.

4. Sublinhe os substantivos derivados da palavra **pão**. Depois copie os versos.

Sinto o cheiro de pão
vindo lá da padaria.
Quero pãozinho quente
com suco de melancia.

(As autoras)

Substantivos simples e compostos

Guarda-roupa bem fechado protege as roupas do pó. Guarda-louça guarda as louças da mamãe e da vovó.

Fique sabendo

Substantivo simples ➡ É formado por apenas uma palavra.
São exemplos: guarda, louça.

Substantivo composto ➡ É formado por duas ou mais palavras.
São exemplos: guarda-roupa, pé de pato.

1. Complete os substantivos compostos com as palavras abaixo. Depois copie as palavras formadas.

moleque   noturno   vento   móveis
roupa   cabra   chuva   galinha

2. Forme substantivos compostos utilizando as palavras das colunas A e B. Não se esqueça do hífen. Veja o exemplo.

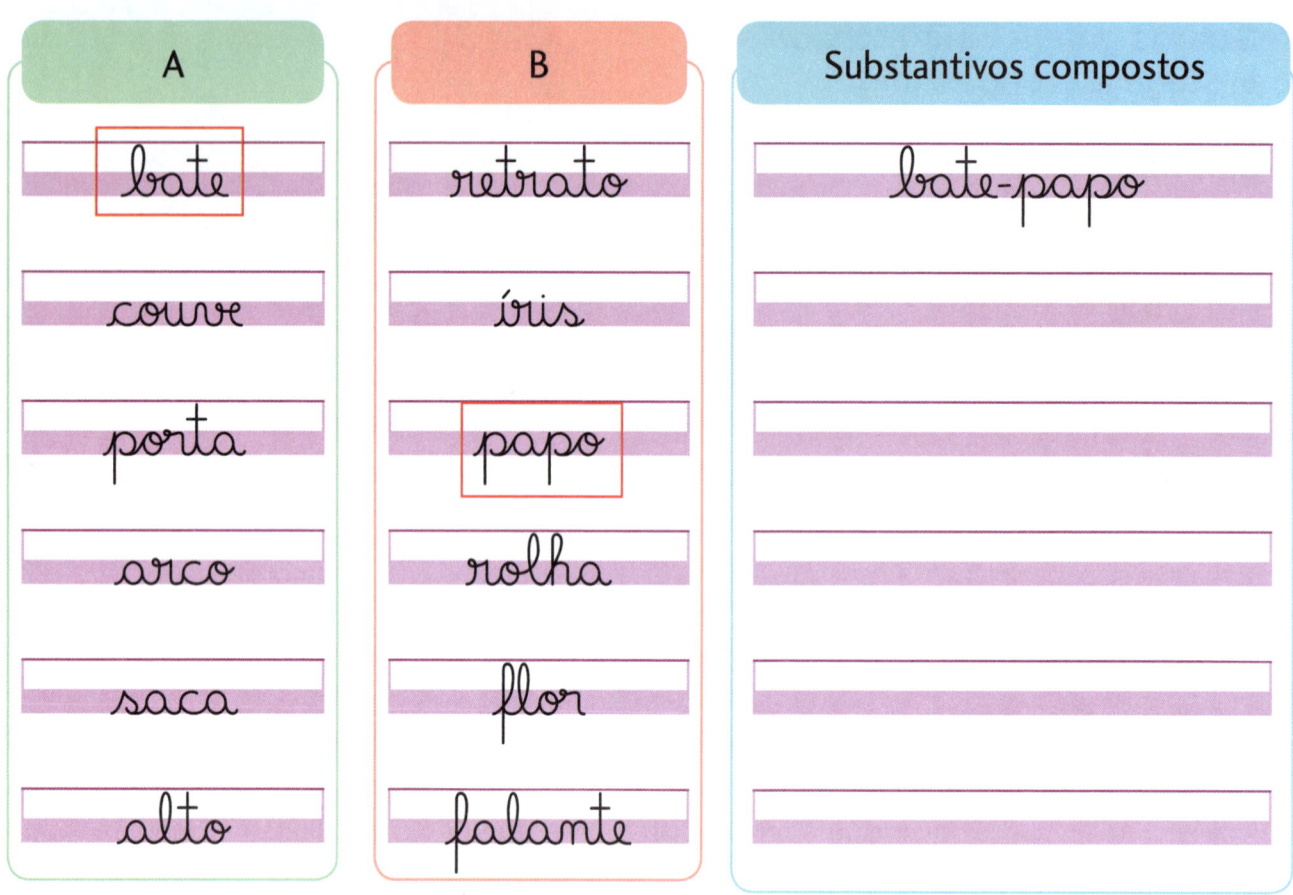

3. Existem substantivos compostos sem hífen. Leia as palavras de cada grupo e copie apenas os substantivos compostos sem hífen.

a) pontapé   banana-maçã   pernilongo

b) ferrovia   planalto   porta-malas

c) sobremesa   aguardente   girassol

Acentuação de palavras proparoxítonas

Música, médico, óculos.
Não tem conversa fiada:
toda proparoxítona
deve ser acentuada.

1. Marque somente as palavras proparoxítonas.

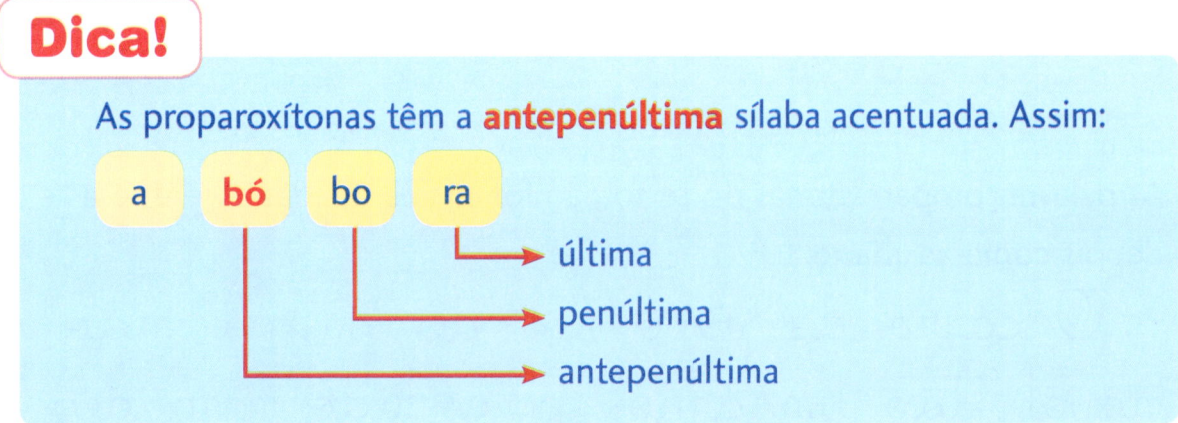

- ☐ príncipe
- ☐ amável
- ☐ xícara
- ☐ pêssego
- ☐ armazém
- ☐ dálmata
- ☐ pântano
- ☐ matinê
- ☐ fogaréu
- ☐ cédula
- ☐ autêntico
- ☐ lágrimas

• Agora copie as palavras que você marcou.

2. Descubra a sílaba e complete as duplas de proparoxítonas. Depois copie as palavras.

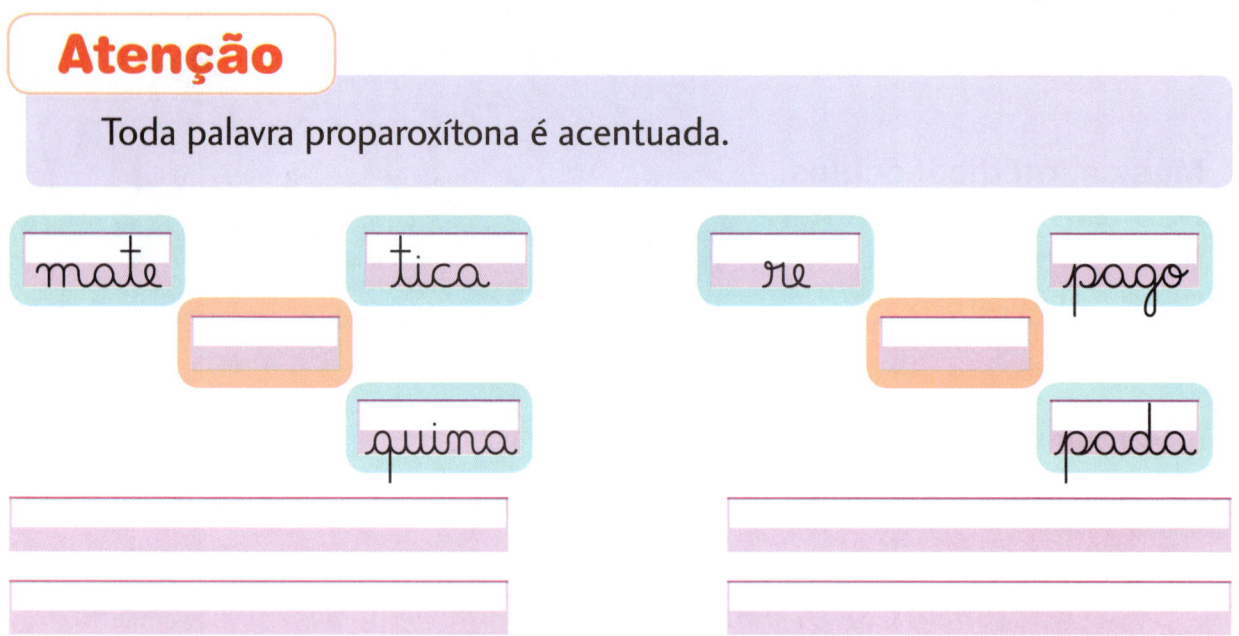

3. As palavras proparoxítonas do texto não foram acentuadas. Acentue-as e depois copie-as abaixo.

O carro do vovô nos deixou na mão de novo! Não tinhamos percorrido nem dez quilometros quando a maquina resolveu dar seus ultimos suspiros. O jeito foi chamar o guincho, pegar o onibus e voltar para casa. Vovô ficou chateadissimo!
Adeus final de semana na chacara Santa Monica.

(As autoras)

Plural de palavras com til

Carneirinho, carneirão,
para de olhar pro céu
e olha para o chão,
senão você vai pro beleléu.

1. O plural das palavras terminadas em ÃO não é sempre igual. Leia as palavras abaixo e copie-as nas colunas adequadas.

cidadãos	romãs	alemães	soluções
maçãs	lãs	pães	mãos
cães	cristãos	ilusões	irmãos
salões	rãs	lições	capitães

ÕES	ÃOS	ÃES	ÃS

2. Passe as palavras abaixo para o plural.

> **Dica!**
> As palavras no singular que terminam em ÇÃO fazem o plural em ÇÕES.

| canção | eleição | nação | correção |

| criação | expedição | lição | emoção |

3. Complete as frases com o plural da palavra entre parênteses e copie-as. Se precisar, consulte o banco de palavras abaixo.

> verões   pães   cidadãos   irmãos

Eu e meus _____ somos amigos. (irmão)

Os _____ estão quentinhos! (pão)

Maria passa os _____ aqui. (verão)

Nós somos _____ brasileiros. (cidadão)

Artigos definidos e indefinidos

O espantalho risonho
vai crescendo aos pouquinhos,
vai se tornando um ninho
no bico dos passarinhos.

1. Copie os substantivos abaixo. Depois pinte os quadrinhos de acordo com a legenda.

🟥 substantivo feminino   🟦 substantivo masculino

☐ jornal   ☐ piscina   ☐ jardins

☐ palavras   ☐ pires   ☐ talher

         ☐ doença   ☐ herói

2. As palavras o, a, os, as, um, uma, uns, umas são chamadas artigos. Sublinhe os artigos da quadrinha. Depois copie os substantivos.

O cravo brigou com a rosa
debaixo de uma sacada.
O cravo saiu ferido
e a rosa despedaçada.

3. Artigo é a palavra que precede o substantivo, determinando-o ou indeterminando-o.

Leia as frases e observe os artigos destacados. Depois copie a que indica que o gato do qual se fala é um gato conhecido.

O gato está miando no telhado.
Um gato está miando no telhado.

4. Copie as frases substituindo a ★ por:
- artigos definidos: o, a, os, as.
- artigos indefinidos: um, uma, uns, umas.

a) *Feche bem ★ torneira da sua casa, pois ★ torneira pingando pode consumir quase sete litros de água por dia.*

b) *Não deixe para tomar água somente quando estiver com sede, pois ★ sede já é ★ primeiro sintoma de que ★ corpo está sofrendo ★ desidratação.*

Bambalalar, é hora de praticar!

- Leia a tirinha de Armandinho e seu sapo de estimação.

Tirinha de Alexandre Beck. **Armandinho Zero**. Florianópolis: A. C. Beck, 2013. p. 78.

- Agora copie o texto substituindo as ★ por artigos definidos ou indefinidos.

★ banho é importante para ★ saúde, pois ★ água e ★ sabonete juntos põem ★ microrganismos para correr. ★ pele suja pode ser ★ ótima casa para eles. Tome banho diariamente!

Palavras com SS e Ç

> Disseram que é coisa feia
> falar com a boca cheia.
> Disseram pra ficar alerta
> e não mastigar de boca aberta.
> E aprenda mais esta lição:
> falar palavrão é falta de educação.

1. Faça conforme os exemplos.

agita**r** – agita**ção**   permi**tir** – permi**ssão**

utiliza**r** –   demi**tir** –

educa**r** –   discu**tir** –

respira**r** –   admi**tir** –

fabrica**r** –   repercu**tir** –

2. Copie nas colunas as palavras da mesma família.

36

Acentuação de palavras paroxítonas

Nas palavras paroxítonas, a penúltima sílaba é forte, como em útil, fácil, caráter, soldado, zíper e esporte.

1. Pinte de cor clarinha a sílaba forte das palavras abaixo. Depois copie as palavras.

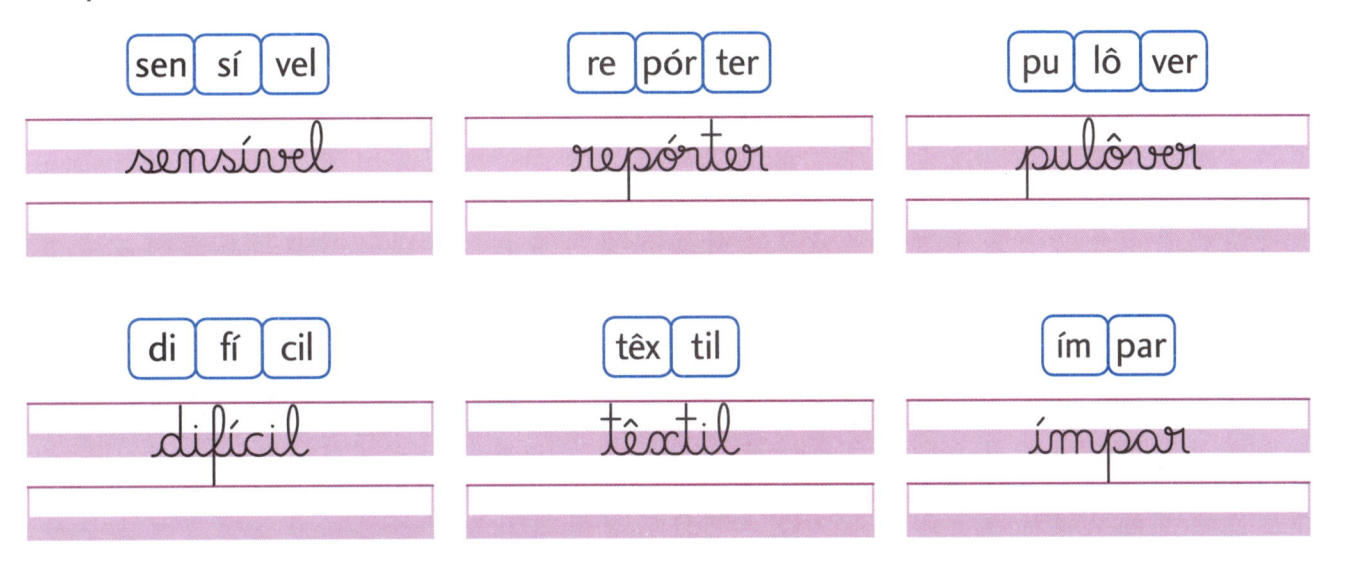

| sen | sí | vel | | re | pór | ter | | pu | lô | ver |

sensível   repórter   pulôver

| di | fí | cil | | têx | til | | ím | par |

difícil   têxtil   ímpar

- Observe com que letras terminam as palavras acima. Depois complete a regra com as palavras do quadro abaixo.

acentuadas   paroxítonas   terminadas

São _____ as palavras _____ em l e r.

- Agora acentue as palavras abaixo e copie-as.

fluor   fusivel   formidavel   lider

2. Marque com um X as palavras paroxítonas terminadas em i(s) e u(s).

- ☐ gibi
- ☐ vírus
- ☐ júri
- ☐ bônus
- ☐ caju
- ☐ grátis
- ☐ tênis
- ☐ caqui
- ☐ lápis

• Responda.

Todas as palavras que você marcou são acentuadas?

☐ sim   ☐ não

• Então, complete a regra com as palavras abaixo.

| acentuadas | paroxítonas | terminadas |

São _____ as palavras _____ em i(s) e u(s).

• Agora acentue as palavras abaixo e copie-as.

| biquini | iris | oasis | onus |

| ravioli | taxi | venus | bilis |

Palavras com S depois das consoantes N, L, R

O quintal da minha casa
é reino de diversão.
É conversa jogada fora,
é onde solto a imaginação.

Fique sabendo

Quando a letra S vem depois das consoantes N, L e R, ela não precisa ser dobrada para ter som de S.

1. Copie as palavras abaixo nas colunas adequadas.

ensinar	bolsa	sensível
persiana	pulseira	valsa
cansado	conversa	diversão
urso	manso	salsicha
pensamento	falso	personagem

NS	LS	RS

Palavras terminadas em OSO e OSA

> Refrescante e deliciosa
> é a polpa do caju.
> E a castanha desse fruto
> é gostosa pra chuchu.

Fique sabendo

Adjetivos terminados em OSO, OSA escrevem-se com S.

1. Pinte as palavras para combinar cada substantivo com um adjetivo. Use cores clarinhas. Depois escreva as palavras combinadas. Observe o exemplo.

Substantivos		Adjetivos	
cena	pedra	maravilhosa	horrorosos
homem	monstros	saborosa	estudioso
sabonetes	comida	preciosa	cheirosos

cena maravilhosa

2. Leia as expressões e copie somente os adjetivos.

joia valiosa   arroz gostoso   gato manhoso

dia chuvoso   homem genioso   atriz famosa

Palavras terminadas em ISAR e IZAR

Poesia a deslizar
nas rimas de uma canção.
Vai de um verso para outro
até chegar ao coração.

Fique sabendo

Palavra primitiva
⬇
análi**se** (tem **S** na última sílaba)
⬇
Palavra derivada
⬇
anali**sar**

Palavra primitiva
⬇
úti**l** (não tem **S** na última sílaba)
⬇
Palavra derivada
⬇
util**izar**

1. Forme verbos com ISAR e IZAR. Observe os exemplos.

análise	➡	analisar		atual	➡	atualizar
improviso	➡			legal	➡	
pesquisa	➡			cicatriz	➡	

2. Copie as palavras nas colunas, de acordo com a sua terminação.

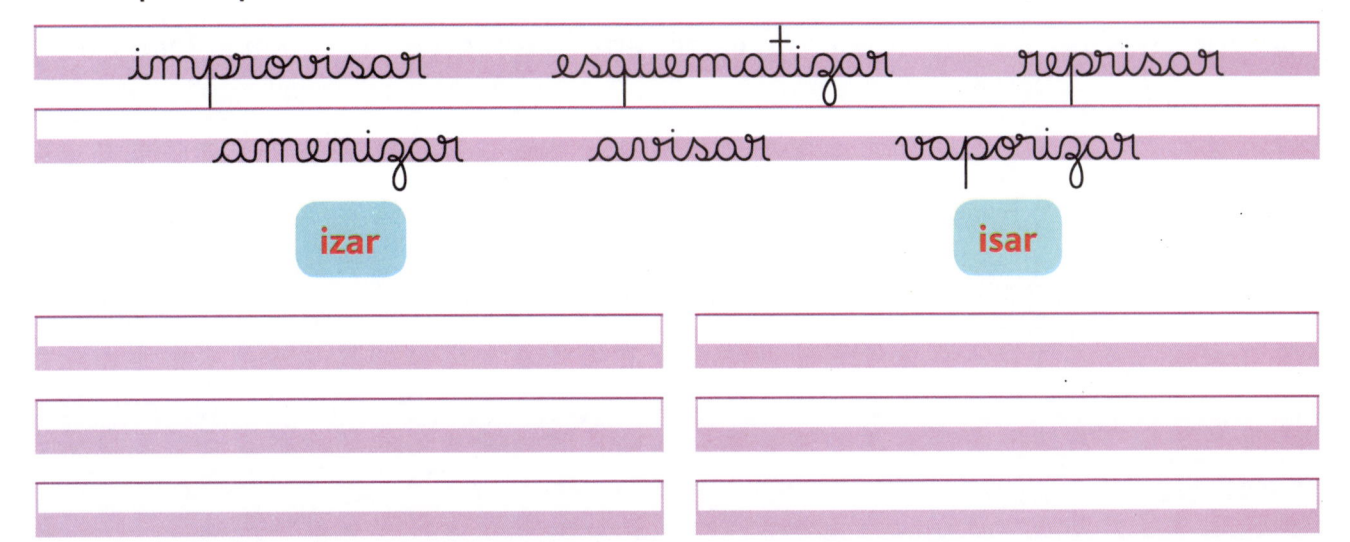

improvisar   esquematizar   reprisar

amenizar   avisar   vaporizar

izar	isar

Palavras terminadas em L e U

O confeiteiro está na cozinha com chapéu-cuca e avental. Guloseimas está fazendo para a ceia de Natal.

1. Copie as palavras de acordo com sua terminação.

chapéu   hotel   coronel   mel
pincel   véu   troféu   céu

Palavras terminadas em EL

Palavras terminadas em ÉU

- Agora, descubra o que falta nas palavras abaixo e reescreva-as sem cometer a mesma falha.

beleleu   leu   fogareu   veu   reu
escarceu   mundareu   povareu

42

2. Escreva o plural das palavras de cada grupo. Antes, leia a dica.

> **Dica!**
> Palavras terminadas em:
> L — plural com IS   U — plural com US

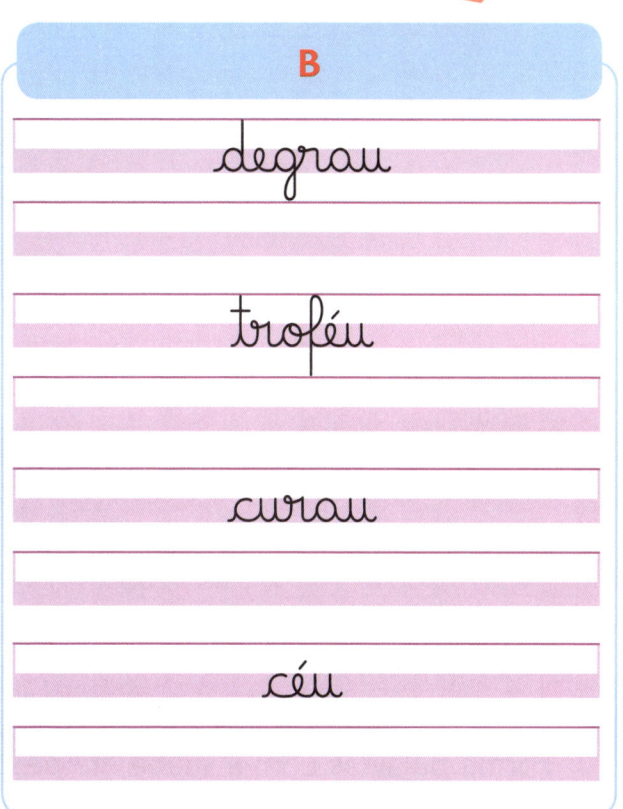

A	B
lençol	degrau
carretel	troféu
pedal	curau
jornal	céu

- Agora, escreva os nomes das figuras abaixo.

- Consulte o quadro abaixo para ver como fica o plural das palavras acima.

> berimbaus   cacaus   funis   caracóis

3. Reescreva a frase no singular.

Os exercícios foram fáceis ou difíceis?

43

Palavras com X e CH

Jogue o lixo na lixeira!
É chique ser educado.
Você ajuda a natureza
quando o lixo é reciclado.

1. Copie somente as palavras com X cujo som é de CH.

| mixuruca | execução | faixa | ameixa |

| oxigenado | trouxa | rouxinol | caixote |

| xingar | remexer | fluxo | mexicano |

2. Forme palavras com a sílaba em destaque. Depois escreva-as.

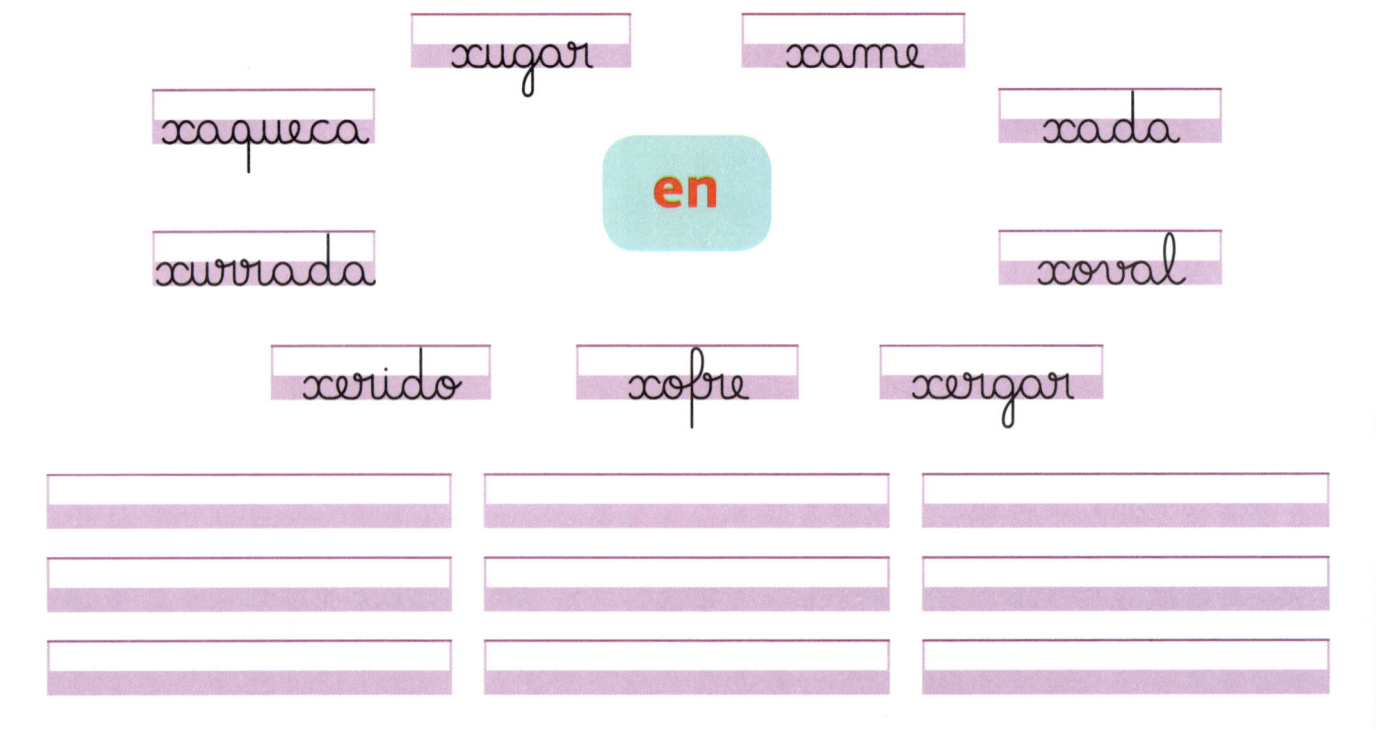

xugar   xame
xaqueca   xada
en
xurrada   xoval
xerido   xofre   xergar

- Leia as palavras que você formou observando a letra que vem logo depois da sílaba EN.

> **Atenção**
> Depois da sílaba EN se escreve a letra X.

3. Leia e copie.

Tem de tudo nessa feira:

peixe pra pirão e peixada,

carne-seca e macaxeira.

Feijão pra feijoada,

produtos pra comida mineira

e também pra capixaba.

Viva o dia da feira!

Bambalalar, é hora de praticar!

- Leia e copie.

Um, sanduíche de atum.
Dois, sobremesa depois.
Três, quero frango xadrez.
Quatro, pipoca no teatro.
Cinco, com comida não brinco.
Seis, fazer bolo inglês.
Sete, mascar chiclete.
Oito, assar biscoito.
Nove, hoje não chove.
Dez, comer pastéis.

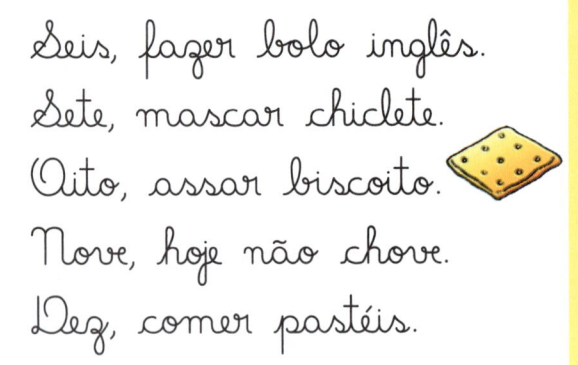

- Agora substitua os numerais pelos seus respectivos algarismos.

Um ___	Dois ___	Três ___	Quatro ___
Cinco ___	Seis ___	Sete ___	Oito ___
	Nove ___	Dez ___	

Adjetivo

Era uma vez...
uma gata listrada
e um gato siamês.
Do namoro dos dois
nasceu um gato xadrez.

Dica!

A palavra que qualifica ou caracteriza o substantivo é chamada **adjetivo**.

1. Diga que substantivos dão nomes às figuras a seguir. Depois escolha em cada coluna adjetivos que qualifiquem esses substantivos.

saboroso	interessantes	brincalhões	bonitas
delicioso	quentes	elegantes	coloridas
inteligente	grossos	macios	maduras

2. Sublinhe as palavras do texto de acordo com a legenda.

— substantivos .... adjetivos

Metade peixe, metade gente, a sereia é bonita e atrai as pessoas com seu belo e irresistível canto.

Locução adjetiva

Tem beijos, abraços, brincadeiras, biscoitos de nata e pão de ló. É por isso que eu adoro ir à casa da minha avó.

Fique sabendo

As **locuções adjetivas** são formadas por duas ou mais palavras e servem para dar características ao substantivo. São exemplos:

blusa **de lã**   livro **sem ilustrações**

1. Escolha no quadro adjetivos e locuções adjetivas para cada substantivo. Depois, escreva-os nas colunas indicadas.

com açúcar   colorida   doce   mensal   sem leite   com ilustração   de receitas   quente   gostoso   com fotos   interessante   da manhã

café	Adjetivo — Uma palavra	Locução adjetiva — Mais de uma palavra

revista	Adjetivo — Uma palavra	Locução adjetiva — Mais de uma palavra

2. Leia o texto observando as palavras em destaque. Sublinhe as que são adjetivos.

Paramos em frente à casa de pedra. Ela nos deu a impressão de ser fria e triste. Uma velha escada de madeira levou-nos até a varanda. Cadeiras de vime, antigas e estragadas, não convidavam nem para um breve descanso, que, após a longa caminhada, seria merecido. Decidimos entrar.

A grande porta de jacarandá combinava com o mobiliário antigo da casa. Algumas poltronas de tecido espalhavam-se pela sala sem luminosidade. Uma das janelas de ferro deixava passar uma faixa de luz. Atravessamos o corredor que separava os quartos e os banheiros. Tudo parecia coberto pela escuridão.

(As autoras)

- Agora copie do texto as locuções adjetivas que se referem aos substantivos abaixo.

porta	
poltronas	
sala	
janelas	
faixa	
casa	
escada	
cadeiras	

Grau do adjetivo

Será que existe um doce mais doce que o doce do doce de batata-doce?

Fique sabendo

Os adjetivos podem ser comparados. O grau comparativo pode ser:
- de superioridade ➡ O guepardo é **mais** veloz **que** o leão.
- de inferioridade ➡ O leão é **menos** veloz **que** o guepardo.
- de igualdade ➡ O leão é **tão** feroz **quanto** o guepardo.

1. Leia as frases e pinte os quadrinhos conforme a legenda. Depois copie-as.

   🟥 comparativo de igualdade   🟨 comparativo de superioridade   🟦 comparativo de inferioridade

☐ A abelha é tão útil quanto a vaca.

☐ Eu sou mais alto que meu irmão.

☐ Meu cabelo é menos comprido que o seu.

☐ A rosa é tão bela quanto o lírio.

2. Compare as características dos animais e complete as frases com as expressões a seguir.

menos... que   tão... quanto   mais... que

a) A girafa é _____ alta _____ o macaco.

b) O tigre é _____ selvagem _____ o leão.

c) O macaco é _____ alto _____ a girafa.

- Agora copie as frases.

3. Escolha um início de frase para começar cada pergunta e depois responda.

O que é melhor...   O que é pior...

a) sentir frio ou calor?

b) tomar café ou chocolate quente?

4. Reescreva o trecho do diário, substituindo as ★ pelas palavras do quadro abaixo.

| melhor | maior | menor | pior |

Querido diário,

Hoje foi o ★ dia da minha vida! O papai chegou com o ★ pacote que já vi.

Era uma bicicleta! O ★ é que eu ainda não sei andar. Mas vou aprender logo.

Ganhei também um cachorrinho da ★ raça que existe.

Isso é que é aniversário!

Bambalalar, é hora de praticar!

- Observe a imagem.

- Agora leia e copie.

Bolo, cachorro-quente, empadinha,

brigadeiro, pizza, coxinha,

pipoca, sorvete e queijadinha.

Nunca há comida o bastante

pra turma da gulosa aniversariante!

Pronome pessoal reto

A coruja tem olhos enormes
e um piado que assusta a gente.
Ela é ótima caçadora
e tem fama de inteligente.

Fique sabendo

Pronomes são palavras que substituem um nome.

São **pronomes pessoais retos**: **eu**, **tu**, **ele**, **ela**, **nós**, **vós**, **eles**, **elas**.

1. Reescreva as frases. Substitua as palavras repetidas pelos pronomes ele, ela, eles ou elas.

a) Os galos são os reis do terreiro. Os galos tomam conta do galinheiro.

b) As tartarugas vivem muito. As tartarugas chegam a viver 150 anos.

c) A baleia é o maior mamífero aquático. A baleia pode pesar até 180 toneladas.

2. Reescreva o texto, substituindo os termos em destaque pelos pronomes do quadro a seguir.

> ela   nós   elas

Minhas duas avós são amigas, apesar de *minhas duas avós* serem bem diferentes. Vó Berê adora cozinhar. *Vó Berê* faz cada comida!... Já a vó Alda não leva jeito pra coisa. Se *Vó Alda* vai para a cozinha, pode esperar: lá vem cheiro de queimado. Mas o melhor é que *minhas duas avós e eu* nos divertimos um bocado!

Pronome pessoal oblíquo

Borboletas pousaram na colcha.
Foi um presente para mim.
Tão delicadas e coloridas,
tornaram meu quarto um jardim.

Fique sabendo

Os **pronomes pessoais oblíquos** são palavras que substituem um substantivo ou outro pronome pessoal.

São pronomes pessoais oblíquos: **me**, **mim**, **comigo**, **te**, **ti**, **contigo**, **o**, **a**, **lhe**, **se**, **si**, **consigo**, **nos**, **conosco**, **vos**, **convosco**, **os**, **as**, **lhes**.

1. Reescreva as frases, substituindo as palavras destacadas pelos pronomes do quadro. Não se esqueça de usar o hífen.

| lhe | lhes |

a) Na aula, emprestei **a ela** meus lápis de cor.

b) Queridos, desejo **a vocês** uma boa viagem.

c) Vou contar **ao Ciri** a verdade.

d) Vou dar **aos fregueses** um desconto.

e) Preciso entregar **à senhora** uma encomenda.

2. Reescreva o modo de preparar da receita abaixo, substituindo as palavras repetidas por um pronome pessoal.

Sorvete legal

Ingredientes
- uma lata de leite condensado
- suco de fruta de sua preferência

Modo de preparar

Abra a lata de leite condensado e despeje o leite condensado no liquidificador. Usando a mesma medida da lata, junte o suco de fruta de sua preferência. Bata a mistura por um minuto, coloque a mistura numa forminha de gelo e leve a forminha de gelo ao congelador.

Quando o sorvete estiver endurecido, retire o sorvete da forminha e sirva o sorvete.

Bambalalar, é hora de praticar!

- Leia a tirinha.

Quadro 1: NÃO ACHO O CELULAR... MAS JÁ DESCUBRO ONDE ESTÁ!

Quadro 2: GLOB! GLUB, GLUB! GLOB! GLUB!

Quadro 3: MELHOR VOCÊ ATENDER...

Alexandre Beck. **Armandinho**. 1. ed. Florianópolis, 2014. p. 25.

- Leia e depois copie.

O telefone celular está sempre perto da boca e do rosto, locais perfeitos para abrigar as bactérias que vêm da saliva. Além disso, o aparelho pode ser levado a todos os lugares, acumulando sujeira. Assim, de vez em quando, ele precisa ser limpo com pano úmido e detergente.

58

Verbo – infinitivo e conjugações

Acordei com um barulho.
São passinhos no telhado?
São os pinguinhos da chuva,
num plic, ploc molhado.

PLIC!
PLOC!

1. Escreva como os verbos abaixo aparecem no dicionário.

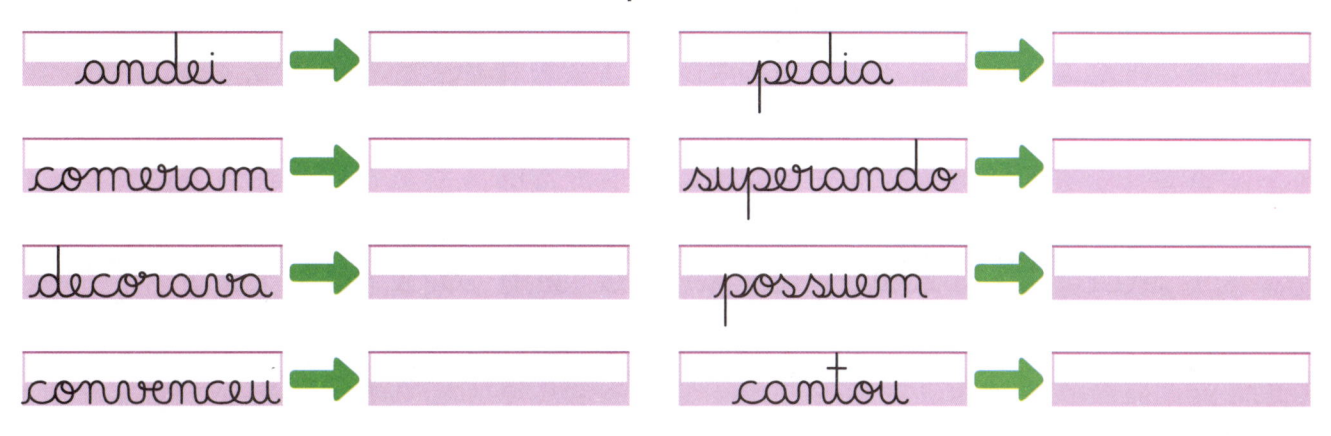

andei ➡
comeram ➡
decorava ➡
convenceu ➡

pedia ➡
superando ➡
possuem ➡
cantou ➡

- Agora copie.

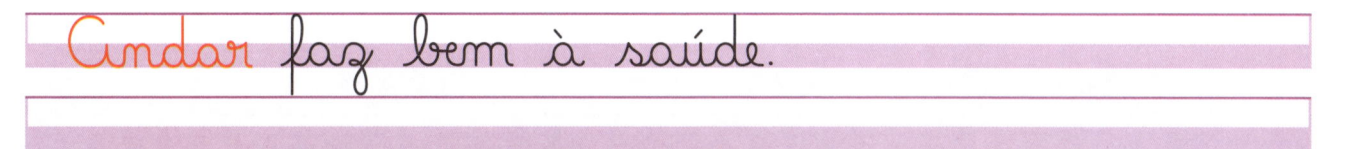

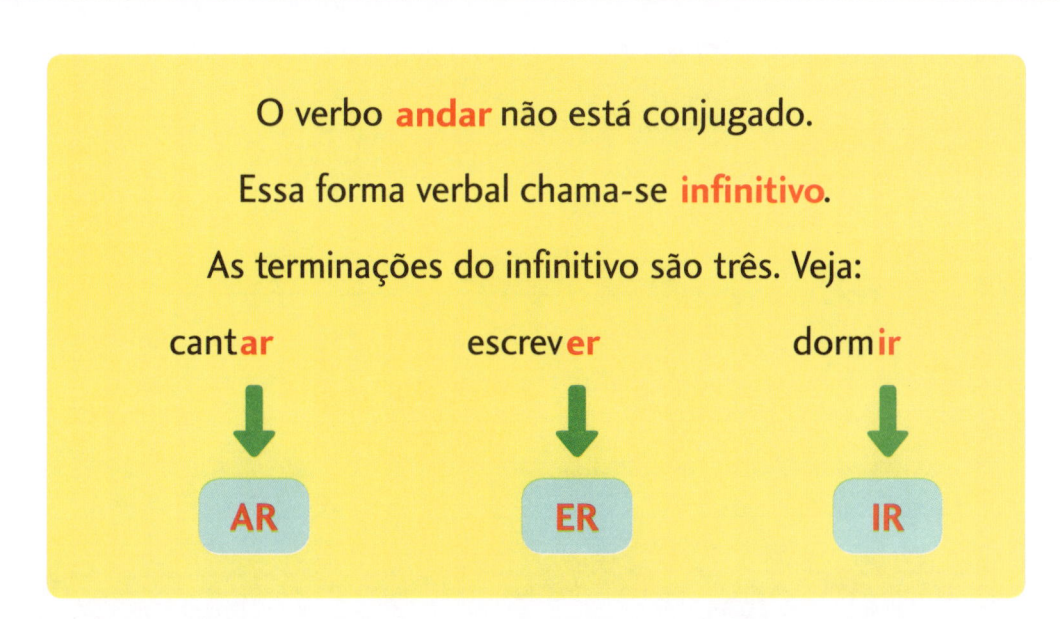

Andar faz bem à saúde.

O verbo **andar** não está conjugado.

Essa forma verbal chama-se **infinitivo**.

As terminações do infinitivo são três. Veja:

cant**ar** ⬇ **AR**

escrev**er** ⬇ **ER**

dorm**ir** ⬇ **IR**

2. Leia e sublinhe os verbos no infinitivo. Depois copie o texto.

[...] E sabe como o camelo aguenta ficar tantos dias sem água? É que ele não transpira facilmente, por isso seu organismo guarda a água que ele bebe.

[...] Mas depois de uma viagem, quando está morrendo de sede, pode engolir 120 litros de água em apenas dez minutos! É como se você bebesse 480 copos de água de uma só vez.

Revista **Recreio**. São Paulo: Abril, 8 jun. 2000. Ano 1, nº 13. p. 27.

Palavras terminadas em AM e ÃO

À noite, os morcegos abrem suas asas gigantes, e sobre nossas cabeças passam em voos rasantes.

1. Copie as palavras nas colunas adequadas.

voam	canção	recepção	desenham
falam	estação	condição	cantam
erupção	pintam	fração	falcão
colam	perdão	jogam	cozinham

São verbos

Não são verbos

2. Pinte usando cor clarinha a sílaba mais forte das palavras em destaque. Depois copie as frases.

☐

As crianças **comeram** o lanche.

☐

Elas só **comerão** se lavarem as mãos.

☐

Vocês já **terminaram** a tarefa hoje?

☐

Quando **terminarão** a tarefa?

☐

Amanhã eles **limparão** o jardim.

☐

Ana e Carlos **limparam** a casa hoje.

- Agora releia as frases acima e desenhe nos quadrinhos o que indica a legenda.

● frase no tempo passado   ■ frase no tempo futuro

3. O texto abaixo foi escrito com algumas incorreções. Descubra quais são e reescreva-o, evitando as mesmas falhas.

Assim que o despertador tocou, João e Paulo acordarão. Sem preguiça, pularão da cama, tomarão café, vestirão os uniformes do time e foram para o campinho. Passarão a manhã treinando futebol para o torneio da escola.

4. Complete a atividade escrevendo os verbos no tempo passado e no futuro. Veja o exemplo.

verbos	passado	futuro
colocar	eles colocaram	eles colocarão
jantar	elas _____	elas _____
andar	vocês _____	vocês _____
voar	eles _____	eles _____
pisar	elas _____	elas _____
pensar	vocês _____	vocês _____

- Agora complete com **AM** ou **ÃO**.

_____ terminação dos verbos no passado, na 3ª pessoa do plural

_____ terminação dos verbos no futuro, na 3ª pessoa do plural

5. Complete as frases usando o verbo indicado nos parênteses no tempo adequado.

a) Ontem as meninas _____ muito.
(andar)

b) Amanhã vocês _____ o livro.
(ler)

c) Vocês já _____ na viagem?
(pensar)

64   São Paulo - 2024